Susanne Helmold

GARTENDEKO

Knaur

Susanne Helmold

GARTENDEKO

- Mit Holz, Natur- und anderen Materialien
- Mit Vorlagenbogen

INHALT

VORWORT

Die Gartensaison ist eröffnet: Sobald die Tage länger werden und die ersten Frühlingsblüher die warme Jahreszeit ankündigen, ist es Zeit, den Garten wieder in Hochform zu bringen. Oft sind es Kleinigkeiten, die in Ihrem Garten oder auch auf Ihrem Balkon als Blickfang wirken können: Lustige Figuren und Gartenmöbel setzen farbige Akzente, patinierte Rankhilfen und bemalte Töpfe unterstreichen die Blumenpracht, dekorative Accessoires runden einen malerischen Garten ab. Für all das finden Sie in diesem Buch einfache oder auch anspruchsvollere Anregungen. Um sie herzustellen, benötigen Sie für manche Dinge nur ein paar Stunden, für andere Objekte hingegen planen Sie besser ein Wochenende ein.

Was auch immer Sie zur Verschönerung Ihres Gartens unternehmen – für Ihre nächste Gartensaison wünsche ich Ihnen viel Spaß.

SUSANNE HELMOLD

Danksagung

Für die tatkräftige Unterstützung bei der Realisation der Modelle in diesem Buch danke ich meinem Vater Rudolf Helmold und Ekkehard Pietsch.

WERKZEUG UND MATERIAL

Die in diesem Buch gezeigten Modelle können mit einer Werkzeugausstattung, wie sie in fast jedem Haushalt vorhanden ist, hergestellt werden. Wenn Sie bereits Erfahrung mit Holzarbeiten haben, werden Sie mit einer Reihe von Werkzeugen aus diesem Buch schon vertraut sein.

Neben dem Werkstoff Holz werden bei einigen Modellen Draht, Äste, Mosaik oder auch Beton verwendet. Die hierfür erforderlichen zusätzlichen Werkzeuge und Materialien erhalten Sie im Baumarkt. Weiteres Material zum Dekorieren finden Sie in Bastelgeschäften.

Grundausstattung

- Bohrmaschine oder Akkuschrauber
- elektrische Kappsäge
- Feinsäge und Gehrungslade
- Stichsäge
- Laub- oder Dekupiersäge
- Radiozange
- Heißklebepistole
- Schere
- Drahtzange
- Messwinkel
- Schraubzwingen in verschiedenen Größen
- Holzbohrer
- Zylinderbohrer

Sägen

Die Dekupiersäge wird elektrisch betrieben und eignet sich besonders für geschweifte oder auch sehr kleine Motive. Je nach Ausstattung und Leistung der Säge können Sie Massivholz oder Schichtholz bis zu einer Dicke von 5 cm sägen. Das Holz sollte dabei immer mit beiden Händen leicht auf den Sägetisch gedrückt werden, um ein Ausschlagen zu verhindern.

Die Laubsäge besitzt ein dünnes austauschbares Sägeblatt, das in einen Bügelrahmen eingespannt und über zwei Flügelmuttern fixiert wird. Mit dieser preiswerten Handsäge sägen Sie geschweifte Formen aus dünnem Sperrholz.

Mit einer elektrischen Stichsäge lassen sich aus jedem Holz filigrane Formen aussägen. Treffen Sie die Auswahl des Sägeblattes auch in Abhängigkeit von der Holzdicke und -qualität.

Zum Ablängen von Leisten und Brettern ist eine elektrische Kappsäge zu empfehlen. Beachten Sie dabei jedoch, dass beim Abmessen die Dicke des Sägeblattes berücksichtigt werden muss.

Dünne Leisten und Rundstäbe sägen Sie mit einer Feinsäge und einer Gehrungslade. Die Lade hat Führungsschlitze für rechtwinklige sowie für 45-Grad-Schnitte. Zum Sägen legen Sie die Leiste in die Gehrungslade und drücken Sie mit einer Hand fest an.

Massivholz und Sperrholz

Alle in diesem Buch gezeigten Modelle sind entweder aus Massivholz oder wasserfest verleimtem Sperrholz gefertigt. Massivholz aus Fichte oder Kiefer gibt es in Baumärkten als Leimholzplatten in Standardgrößen. Leimholz wird aus vielen Massivholzleisten zu Platten zusammengeleimt. Als robuste Massivholzarten können Sie nordische Fichte und Lärche verarbeiten. Nordische Fichte wird im Holzfachhandel und in Baumärkten sowohl gehobelt als auch sägerau in verschiedenen Dicken und Breiten angeboten. Massivholzplatten eignen sich nur bedingt für Gartendekorationen. Auch mehrfach überlackierte Modelle aus Massivholz können unter sehr feuchten Wetterbedingungen aufplatzen. Für geschützte Plätze wie Balkone mit Dachüberständen kann jedoch auch Massivholz verarbeitet werden.

Für den Außenbereich eignet sich am besten Sperrholz. Es besteht aus dünn aufeinander geleimten Holzschichten und ist im Baumarkt in verschiedenen Holzarten von 4 bis 35 mm Dicke erhältlich.

Rundstäbe und Leisten

Für einige Modelle benötigen Sie Rundstäbe und Leisten. Diese sind in Buche, Kiefer oder auch Fichte in den Holzabteilungen der Baumärkte erhältlich. Für den Außenbereich sollten Sie Leisten und Rundstäbe aus Hartholz bevorzugen. Diese sind stabiler und dichter.

Holzverbindungen

Um Holzflächen miteinander zu verbinden, gibt es verschiedene Möglichkeiten. Wo Holzverbindungen einer stärkeren Beanspruchung ausgesetzt sind, sollten Sie mit Holzdübeln oder Lamellos arbeiten. Um Dübel exakt einzupassen, müssen Sie Kantenabstände und Tiefe genau ausmessen, denn Dübel müssen passgenau sitzen.

Sie können sich das Einpassen durch die Verwendung von Dübelanreißern erleichtern. Diese Markierungshilfen mit Durchmessern zwischen 4 und 8 mm sind in jedem Baumarkt erhältlich. Setzen Sie einen Dübelanreißer in das Bohrloch und drücken Sie das Gegenstück passgenau dagegen. Dabei markiert der Dorn im Holz den Ansatz für die Zentrierspitze des Bohrers.

Dübel- und Lamelloverbindungen werden vor dem Zusammensetzen zusätzlich geleimt. Wenn möglich, sollten die Holzteile bis zum Abbinden des Holzleims mit Schraubzwingen zusammengepresst werden. Für das Einbringen von Lamellos benötigen Sie eine Schattenfugenfräse. Eine preisgünstige Alternative bieten Drahtstifte, die besonders bei geringer Materialdicke für zusätzliche Stabilität sorgen.

Für Holzverbindungen, die keiner Druckbelastung ausgesetzt sind, eignen sich Nägel oder Schrauben. Bohren Sie immer vor, wenn Sie zwei Holzteile mit Schrauben verbinden möchten. Mit einem Holzbohrer bohren Sie ein Führungsloch, das ein wenig kleiner ist als der Durchmesser der Schraube. So vermeiden Sie, dass sich das Holz beim Eindrehen der Schraube spaltet.

Arbeiten mit Mosaik

Mosaik aus Glas- oder keramischen Scherben fasziniert durch schöne Farbkombinationen. Nahezu jeder Untergrund lässt sich mit Mosaik verschönern. Die Materialien dafür erhalten Sie in Bau- oder Fliesenmärkten. Klebstoff und Trägermaterial sollten aufeinander abgestimmt sein. Für die Verbindung von keramischen Scherben auf Holz oder Metall ist handelsüblicher Fliesenkleber am besten geeignet. Glasmosaik wird mit transparenter Silikonmasse geklebt. Nach dem Aushärten des Klebers werden die Fugen mit Fugenmörtel ausgefugt, der für unterschiedliche Fugenbreiten angeboten wird.

Zum Zerkleinern der Fliesen nehmen Sie am besten einen Hammer. An der Spitze gehärtete Mosaikzangen erleichtern das Brechen von Glasmosaik. Lassen Sie den Kleber mindestens zwölf Stunden trocknen, bevor Sie die Fugen mit Fugenmörtel ausfüllen. Bei der Arbeit mit Mosaik sollten Sie aus Sicherheitsgründen Handschuhe sowie eine Schutzbrille tragen.

Löten

Bei einigen der Arbeiten in diesem Buch wurden Modelle aus Bindedraht gelötet. Diesen verzinkten Draht finden Sie in verschiedenen Dicken in gut sortierten Baumärkten oder im Gartencenter. Für Lötarbeiten benötigen Sie einen Lötkolben, Lötzinn, Lötwasser und einen feinen Pinsel, eine Rundzange sowie eine alte Fliese als Unterlage.

Übertragen von Vorlagen

Mit Kohlepapier lassen sich Vorlagen einfach übertragen. Legen Sie das Kohlepapier unter die Vorlage und befestigen Sie die Ecken jeweils mit etwas Kreppband, sodass nichts verrutschen kann. Fahren Sie die Umrisse mit einem weichen Bleistift nach. Auch alle Bohr- und Positionsmarkierungen werden übertragen.

Wenn Sie ein Modell mehr als einmal nacharbeiten möchten, lohnt sich die Herstellung einer Pappschablone. Übertragen Sie die Konturen mit Pauspapier auf festen Fotokarton, legen Sie den Karton auf eine Schneidmatte oder eine schnittfeste Unterlage und schneiden Sie die Schablone mit einem Bastelmesser aus.

Farben und Lacke

Die Modelle in diesem Buch wurden mit unterschiedlichen Farben gestrichen: teilweise mit Acrylfarben auf Wasserbasis, teilweise mit Wetterschutzfarben, wenn ein stärkerer Wetterschutz erforderlich war. Acryllack kann mit Wasser verdünnt werden. Er enthält nur einen geringen Teil an Lösungsmitteln und ist daher umweltschonender. Eine weitere Alternative bieten offenporige, wasserlösliche Wetterschutzfarben auf Wasserbasis. Diese Farben sind in vielen verschiedenen Farbtönen erhältlich und untereinander mischbar. Da sich Holz aufgrund von Schwankungen der Temperatur und der Luftfeuchtigkeit ausdehnt oder zusammenzieht, sind Wetterschutzfarben hier hervorragend geeignet.

Empfehlenswert ist eine Vorbehandlung mit Holzschutzgrund. Dabei handelt es sich um eine feuchtigkeitsregulierende Imprägnierung zum Schutz gegen Bläue.

Um feine Konturen wie Augen, Mund oder Haare oder auch Beschriftungen zu malen, eignen sich Lack- und Buntstifte. Wo auch ein feiner Pinsel nicht mehr das gewünschte Ergebnis verspricht, können Sie auf die getrocknete Grundierung direkt mit Stiften malen. Holzmodelle, die eine gebrauchte Optik erhalten sollen, werden nach dem Trocknen des Lackes mit Patina eingerieben. Patina finden Sie bevorzugt in Bastelfachgeschäften.

Verwenden Sie zum Anstreichen keine billigen Pinsel, meist verlieren sie nach wenigen Anwendungen die Haare oder erschweren einen gleichmäßigen Farbauftrag. Ideal zum Lackieren von größeren Flächen sind breite Lasurpinsel, für kleine Flächen und Konturen eignen sich feine Haarpinsel in verschiedenen Größen.

Dekoration mit Naturmaterialien

Bei einigen Modellen wurden Moos, Ästchen, Bast oder Stoffreste verarbeitet. Viele dieser Materialien finden Sie in Bastelgeschäften. Stoffe und Bänder erhalten Sie in den Kurzwarenabteilungen der Kaufhäuser.

Diese Dekorationsmaterialien sind nicht wetterbeständig und müssen von Zeit zu Zeit erneuert werden. Während des Rückschnitts im Frühjahr oder im Herbst fällt oft ausreichend Schnittgut an, das Sie zur Dekoration verwenden können. Wenn Ihr Garten keinen Baumbestand aufweist, fragen Sie bei der Stadt- oder Gemeindeverwaltung nach oder erkundigen Sie sich in einem Gartenfachbetrieb. Lassen Sie das Holz einige Monate an einem überdachten und luftigen Ort trocknen, bevor Sie es verarbeiten. Baumscheiben können Sie sich in einem Sägewerk zuschneiden lassen.

MODELLE

Gänseliesel mit Korb

Vorlage siehe Vorlagenbogen Seite A

MATERIAL

wasserfest verleimtes Sperrholz, 16 mm dick
Holzschrauben
Holzleim
geglühter Bindedraht
Acrylfarben
Acryllack transparent
helles Jutegewebe
helles Dekogras
Schablonierfarbe in Rosa
wasserfester schwarzer Filzstift
Korb
Folie
verzinkter Bindedraht
Stoffrest

WERKZEUG

Laub- oder Dekupiersäge
Holzbohrer, Ø 2,5 mm
Holzraspel
Schleifpapier
Tacker
Stupfpinsel
Seitenschneider

SO WIRD'S GEMACHT

Sägen Sie eine Grundplatte in den Maßen 16 x 28 cm aus Sperrholz zu; die Kanten mit einer groben Holzraspel runden, anschließend mit Schleifpapier glätten. Übertragen Sie die Konturen der Gänseliesel und der Arme vom Vorlagenbogen auf das Sperrholz. Alle Teile mit einer Laub- oder Dekupiersäge aussägen und die Kanten mit Schleifpapier glätten.

Markieren Sie die Position der Figur auf der Grundplatte. Bohren Sie zwei oder drei Schraubenlöcher durch die Grundplatte vor, dann fixieren Sie die Figur mit Holzleim auf der Platte und schrauben sie zusätzlich von unten her fest.

Für die Anbringung des verzinkten Blumentopfes auf der Vorderseite bohren Sie mit einem 2,5-mm-Holzbohrer zwei Löcher im Abstand von 2,5 cm. Auch die Löcher in Schultern und Oberarmen werden jetzt schon gebohrt, allerdings werden die Arme erst nach der Bemalung mit Bindedraht am Körper befestigt.

Die Figur bemalen Sie nach der Vorgabe des Fotos. Sobald die Farbe im Gesicht getrocknet ist, nehmen Sie mit einem Stupfpinsel etwas rosa Schablonierfarbe auf und tupfen die Wangen damit kreisrund aus. Nase, Augen und die Umrisse des Mundes zeichnen Sie mit einem dünnen, wasserfesten Filzstift auf. Sobald die Bemalung getrocknet ist, überziehen Sie die Figur mit transparentem Acryllack.

Für die Haare kleben Sie helles Dekogras mit Heißkleber am Kopf fest. Die Enden werden mit einem Stück Stoff zu Zöpfen gebunden. Aus hellem Jutegewebe schneiden Sie ein 10 x 12 cm langes Rechteck aus und formen daraus einen Hut mit schmaler Krempe. Das Jutegewebe befestigen Sie auf der Rückseite des Kopfes mit einem Tacker.

Schneiden Sie aus einem Stoffrest einen Schal, den Sie um den Hals knoten. Den Korb mit einem Tacker oder einigen Nägeln an der Vorderseite befestigen und vor dem Bepflanzen mit etwas Folie auskleiden.

Diese Figur ist nicht mit wetterbeständigen Lacken bemalt und sollte nur an geschützten Stellen, z. B. unter Überständen, aufgestellt werden.

TIPP

Dekorieren Sie die Grundplatte mit allerlei Gartenaccessoires. Die kleinen Blumentöpfe werden farblich passend bemalt und mit kleinen Lavendelsträußen gefüllt. Die Töpfe kleben Sie mit Heißkleber auf der Grundplatte fest.

Durchbohren Sie die Hand mit einem kleinen Holzbohrer, um sie mit Miniatur-Gartengeräten zu bestücken.

Gans mit Blumentöpfen

Vorlage siehe Vorlagenbogen Seite A

MATERIAL

Leimholz Fichte, 18 mm dick
Buchenrundstab, Ø 5 mm
Dekozaun
Acrylfarben
Holzleim
Holzschrauben
zwei Blumentöpfe
geglühter Bindedraht

WERKZEUG

Dekupiersäge
Gehrungslade mit Feinsäge
Holzbohrer, Ø 2,5, 3 und 5 mm
Schleifpapier
Tacker
Stupfpinsel
Seitenschneider

SO WIRD'S GEMACHT

Sägen Sie die Grundplatte (23,5 x 18 cm) aus Leimholz und glätten Sie die Kanten mit Schleifpapier. Mit einem 3-mm-Holzbohrer bohren Sie an der Stelle, wo die Gans befestigt werden soll, zwei Löcher durch die Grundplatte.

Die Zeichnung für die Gans und die Küken übertragen Sie vom Vorlagenbogen auf das Holz. Sägen Sie die Figuren aus und glätten Sie die sägerauen Kanten mit Schleifpapier. Befestigen Sie die Gans mit Holzleim und Schrauben, die Sie von unten durch die Bohrungen in der Grundplatte eindrehen.

Für die Beine der Küken sägen Sie von einem Rundstab vier jeweils 5 cm lange Stücke in der Gehrungslade ab. Glätten Sie die Enden mit Schleifpapier. Mit einem 5-mm-Holzbohrer bohren Sie in die Grundplatte und die Küken die Löcher für die Kükenbeine rund 6 mm tief. Setzen Sie die Rundstäbe mit etwas Holzleim ein. Den Holzleim trocknen lassen.

Bemalen Sie die Grundplatte und die Gänsefamilie nach der Vorlage des Fotos und lassen Sie alles trocknen. Wenn Sie einen antiken Effekt wünschen, reiben Sie an einigen Stellen die Farbe mit Schleifpapier so weit ab, dass der Holzuntergrund wieder durchkommt. Wenn dieser Alterungseffekt noch verstärkt werden soll, reiben Sie die Oberfläche mit etwas Patina ein. Anschließend das Modell mit transparenter Acrylfarbe versiegeln.

Einen Dekozaun aus dem Bastelgeschäft leimen Sie mit Holzleim an die Gans. Mit einem 3-mm-Holzbohrer bohren Sie zwei Löcher. Schieben Sie eine Schlinge aus verzinktem Bindedraht durch die Bohrungen und hängen Sie die Blumentöpfe in die Drahtschlinge.

TIPP

Richtig schick werden Gans und Küken, wenn sie mit einer Schleife aus Dekobändern aufgemotzt werden.

Vogelhaus

MATERIAL

wasserfest verleimtes Sperrholz, 14 mm dick
Leimholz Fichte, 28 mm dick, 18 x 18 cm
Acrylfarbe, farbig und transparent
Nägel
Holzleim
Rundstab, Ø 50 mm, 150 cm lang
Dekozaun
Rundstab Buche, Ø 4 mm
Klavierband oder Scharniere
Drahtstifte

für den Kugelbuchsbaum:
kleiner Blumentopf
Styroporkugel, Ø 30 mm
Moos
farblich passendes Nähgarn
dünner Ast
Modelliermasse
Zierkies
Alleskleber

WERKZEUG

Stichsäge
Dekupiersäge
Holzbohrer, Ø 4 cm
Schleifpapier
Hammer
Schraubzwingen

SO WIRD'S GEMACHT

Übertragen Sie die in den Zeichnungen angegebenen Maße auf das Sperrholz und sägen Sie alle Teile mit der Dekupiersäge aus. Alle sägerauen

Kanten mit Schleifpapier glätten. In die Vorderwand bohren Sie mit einem 4-mm-Holzbohrer die Bohrung für die Sitzstange.

Die Seitenteile mit der Vorder- und Rückwand verleimen und zusätzlich mit Schraubzwingen verspannen. Nach dem Trocknen des Leims verstärken Sie die Konstruktion mit einigen Nägeln. Leimen Sie das Haus auf der Platte fest und schlagen Sie von unten zusätzlich einige Nägel ein.

Eine Dachfläche wird auf den Giebelwänden festgeleimt. Die andere wird mit Scharnieren oder Klavierband daran befestigt. So kann eine Hälfte des Daches aufgeklappt werden, damit das Vogelhaus gereinigt werden kann. Die Lage des Klavierbands markieren Sie am angeleimten Dachteil, dann schrauben oder nageln Sie es dort an. Das lose Dachteil legen Sie auf das angeleimte, wobei die äußeren Dachflächen aufeinander liegen, und schrauben oder nageln auch hier das Klavierband fest.

Lackieren Sie das Haus von außen mit Acrylfarbe. Die Konturen der Fenster, Blumen und alle Einrichtungsdetails malen Sie mit farbigen Lackstiften aus. Zum Schluss versiegeln Sie das Haus mit transparenter Acrylfarbe. Alternativ können Sie die Fassade auch mit farbiger Holzlasur bemalen.

Befestigen Sie den Dekozaun mit kleinen Drahtstiften an der Grundplatte. Dekozaunelemente sind in verschiedenen Größen und Farben in Bastelgeschäften erhältlich.

Für den Kugelbaum umwickeln Sie die Styroporkugel mit Moos, das Sie mit farblich passendem Nähgarn festbinden. Kürzen Sie ein Aststück mit einer Gartenschere auf 10 cm Länge und drücken Sie es in die Styroporkugel ein.

In den Blumentopf füllen Sie etwas Modelliermasse und stecken das Bäumchen hinein. Nach dem Trocknen der Modelliermasse geben Sie Alleskleber auf die Oberfläche und streuen etwas Zierkies darüber. Feines Gestrüpp und eine Leiter machen die Ausstattung dieses Landhauses perfekt.

Schrauben Sie die Leimholzplatte mittig auf den Rundstab. Bohren Sie die Platte an allen vier Ecken an und schrauben Sie das Vogelhaus von unten fest.

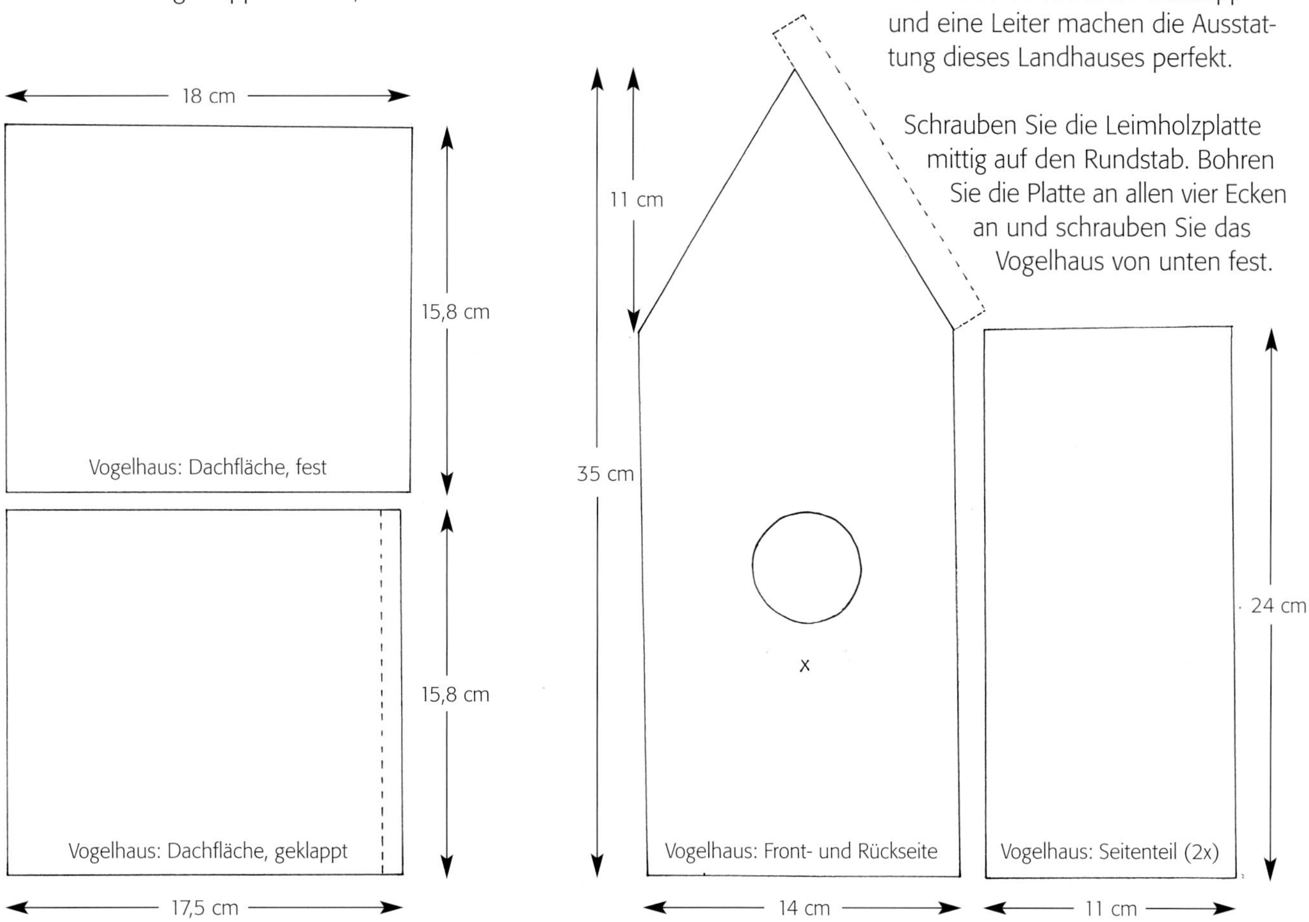

Rasenfrosch

Vorlage siehe Vorlagenbogen Seite A

MATERIAL

wasserfest verleimtes Sperrholz, 18 mm dick
Rechteckleiste Fichte, 50 x 4 mm, 80 cm und 28 cm lang
verzinkter Bindedraht
Acrylfarben
Holzleim
Drahtstifte

WERKZEUG

Dekupiersäge
Gehrungslade mit Feinsäge
Schleifpapier
Hammer
Seitenschneider
Lackstifte in Weiß und Schwarz
Kettelzange
ein Stück Rundstab, Ø etwa 20 mm
Holzbohrer, Ø 3 mm
Tacker

SO WIRD'S GEMACHT

Übertragen Sie die Vorlage vom Vorlagenbogen auf das Sperrholz. Sägen Sie die Figur mit einer Dekupiersäge aus und glätten Sie die Kanten mit Schleifpapier.

Sägen Sie die Rechteckleiste für die Halterung in einer Gehrungslade auf die Länge von 80 cm zu und runden Sie die Kanten mit etwas Schleifpapier ab. Streichen Sie den Frosch hellgrün an und lassen Sie die Farbe gut trocknen. Die weißen Konturen ziehen Sie mit einem weißen wasserfesten Lackstift nach.

Mit einem 3-mm-Holzbohrer bohren Sie im rechten Mundwinkel schräg ein 10 mm tiefes Loch, in das Sie hinterher eine Blume einstecken. Für die Brille schneiden Sie vom verzinkten Bindedraht ein 30 cm langes Stück mit dem Seitenschneider ab. Verwenden Sie eine Biegehilfe, z. B. ein Stück Rundstab oder einen Besenstiel. Die Bügel mit der Kettelzange flach auf die Rückseite biegen und mit einem Tacker befestigen.

Das Schild grundieren Sie mit weißer Acrylfarbe. Für den Schriftzug können Sie Buchstabenschablonen verwenden, wie sie in Bastelgeschäften angeboten werden. Wenn Sie über eine schöne Handschrift verfügen, malen Sie den Hinweis einfach mit einem dicken Lackstift auf.

Leimen Sie das Schild etwa 10 cm unter dem Frosch mit etwas Holzleim auf und schlagen Sie zusätzlich einige Drahtstifte von hinten ein.

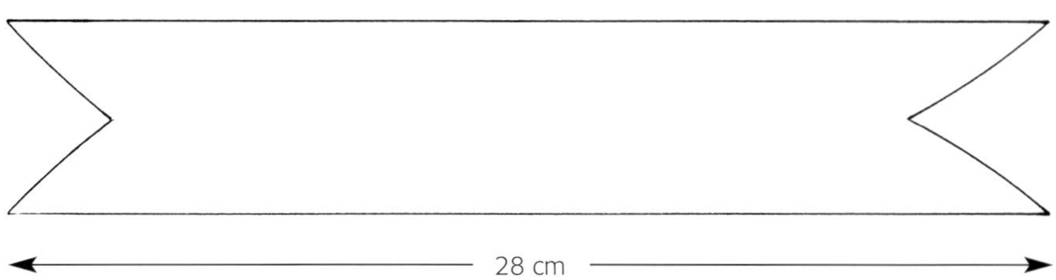

Willkommen

Sideboard aus Ästen

MATERIAL

trockene gerade Äste,
Ø 20 bis 40 mm
Holzschrauben

Schnittliste für die Äste
a) 4 Stück, etwa 40 mm Ø 74 cm lang, für die Beine
b) 2 Stück, 75 cm lang, für die oberen Längszargen
c) 2 Stück, 67 cm lang, für die unteren Längszargen
d) 6 Stück, 19,5 cm lang, für die beiden oberen und die vier unteren Querzargen
e) 2 Stück, 24 cm lang, für die seitlichen Verstrebungen
f) 1 Stück, 64 cm lang, für die hintere Verstrebung
g) 26 Stück, Ø etwa 20 bis 25 mm, 25 cm lang, für die untere Ablage
h) 2 halbierte Äste, 65 cm lang, als Tragleisten für die untere Ablage
i) 35 Stück, Ø etwa 20 bis 25 mm, 35 cm lang, für die obere Ablage
j) 2 halbierte Äste, 75 cm lang, als Tragleisten für die obere Ablage

WERKZEUG

Gehrungslade mit Feinsäge
Holzbohrer, Ø 3 mm
Akkuschrauber
Dekupiersäge

SO WIRD'S GEMACHT

Für dieses Sideboard benötigen Sie gerade gewachsene, gut getrocknete Äste. Die dicksten (etwa 40 mm Durchmesser) nehmen Sie für die vier Beine, die Äste für die übrigen Bauteile können etwas dünner sein (20 bis 25 mm Durchmesser).

Alle Verbindungen werden mit Holzschrauben fixiert. Dazu bohren Sie die Äste an den entsprechenden Stellen mit einem 3-mm-Holzbohrer an und drehen die Holzschrauben vorsichtig ein. Es besteht immer die Gefahr, dass die Astenden reißen, wenn sie durch die Schrauben zu viel Spannung bekommen,

Legen Sie jeweils zwei Tischbeine (a) auf einer ebenen Unterlage parallel zueinander und schrauben Sie die beiden Äste für die Querzargen (d) fest. Zwischen beiden Querzargen lassen Sie genügend Abstand, damit die unteren Längszargen dazwischen passen.

Verbinden Sie die beiden Seitenteile durch die oberen (b) und unteren

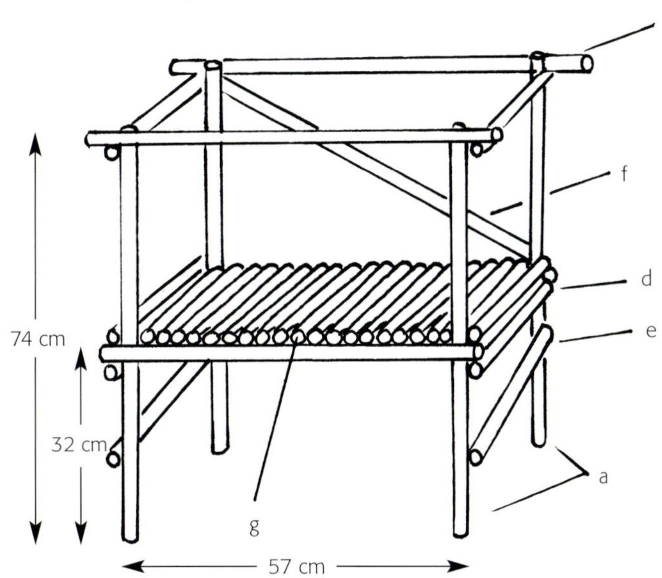

Längszargen (c), dann bringen Sie die oberen Querzargen (d) an.

Für die rückwärtige Stabilisierung schrägen Sie die hintere Verstrebung an den Enden mit der Gehrungssäge so ab, dass sie zwischen die hinteren Tischbeine passt. Um das Bord seitlich zu stabilisieren, schrägen Sie auch die Seitenstreben (e) ab und schrauben sie an den Seiten unterhalb der unteren Auflagefläche zwischen den Tischbeinen fest.

Die Tragleisten für die obere und untere Ablage bestehen aus Ästen, die längs halbiert werden. Diese können Sie entweder bei einem Tischler zuschneiden lassen oder mit der Dekupiersäge selber sägen. Aber Vorsicht: Beim Sägen parallel zu den Holzfasern wandert das Sägeblatt leicht aus der Richtung. Spannen Sie eine Rechteckleiste als Führungsschiene mit einer Schraubzwinge auf dem Sägetisch fest und führen Sie die Äste beim Aufsägen entlang dieser Leiste.

Die obere und untere Ablage werden aus 20 bis 25 mm dicken Ästen hergestellt. Legen Sie die Astabschnitte parallel nebeneinander und schrauben Sie die zwei halbierten Äste von unten dagegen. Bohren Sie die Auflagen an den vier Eckpunkten an und verschrauben Sie sie mit dem Gestell.

Rankhilfe aus Rebenkugeln

MATERIAL

gerade Äste, Ø etwa 30 bis 40 mm
Rebenkugeln in verschiedenen Größen
Rebenherz
Naturbast

WERKZEUG

Gehrungslade mit Feinsäge
Tacker

SO WIRD'S GEMACHT

Hier haben englische Buchsbäumchen Pate gestanden. Diese Rankhilfen eignen sich besonders bei stark rankenden Pflanzen wie Efeu, Kapuzinerkresse oder auch Clematis. Die Rankhilfen können problemlos im Garten überwintern. Entfernen Sie im Spätherbst verblühte oder vertrocknete Stiele und Blätter.

Rebenkugeln und -herzen sind im Bastelhandel in verschiedenen Größen und Ausführungen erhältlich. Verwenden Sie für diese Rankhilfe möglichst gerade Äste. Sägen Sie die Äste in einer Gehrungslade auf die gewünschte Länge. Schieben Sie den Ast mittig durch die Rebenkugeln oder das Rebenherz, dann tackern Sie das Rebengeflecht von oben auf den Ast.

Rankhilfen aus Draht

Vorlage siehe Vorlagenbogen Seite A

MATERIAL

verzinkter Bindedraht, Ø 1,8 mm
verzinkter Bindedraht, Ø 2 mm
Lötzinn
Farbspray in Dunkelblau
Acrylfarbe in zart Türkis

WERKZEUG

Lötkolben
Bohrmaschine
Seitenschneider
Kettelzange
Fliese
Atemschutzmaske

SO WIRD'S GEMACHT

Schneiden Sie ein 2 m langes Stück Bindedraht mit dem Seitenschneider ab. Nehmen Sie den Draht doppelt und spannen Sie die offenen Enden im Bohrfutter der Bohrmaschine fest. Hängen Sie die Schlaufe des Drahtes in eine Türklinke oder einen Wandhaken ein und betätigen Sie die Bohrmaschine im untersten Drehzahlbereich. Der Draht wird dabei wie eine Kordel verdreht. Drehen Sie so lange, bis der Draht die gewünschte Festigkeit hat.

Wenn Sie keine Bohrmaschine besitzen, können Sie den Draht auch von Hand drehen. Dazu hängen Sie die Schlaufe ebenfalls ein und wickeln die Drahtenden um ein Stück Leiste. Drehen Sie den Draht immer in eine Richtung, bis die »Kordel« fest genug ist.

Schneiden Sie die benötigten Längen mit einem Seitenschneider ab und biegen Sie sie mit einer Kettelzange entsprechend der Vorlage zurecht. Heizen Sie den Lötkolben auf. Zum Löten kann eine alte Fliese als Unterlage dienen. Schmelzen Sie etwas Lötzinn mit der aufgeheizten Lötspitze und halten Sie die Spitze dann kurz auf die zu verbindenden Teile. Sobald der Lötpunkt abgekühlt ist, wenden Sie die Rankhilfe und löten die Rückseite ebenfalls.

Lackieren Sie die Rankhilfen an einem gut durchlüfteten Ort mit Farbspray. Tragen Sie dabei unbedingt eine Atemschutzmaske. Nach dem Trocknen mit einem feinen Haarpinsel türkisfarbene Acrylfarbe fleckig auftragen.

TIPP

Eine dekorative Farbvariante erzielen Sie, wenn Sie die Rankhilfen in Weiß grundieren und mit rosafarbener Acrylfarbe fleckig übertupfen.

Geräteleiste Osterhase

Vorlage für den Hasen siehe Vorlagenbogen Seite A

MATERIAL

wasserfest verleimtes Sperrholz, 16 mm dick
Rechteckleiste (Fichte), 20 x 4 mm
Holzleim
Drahtstifte
Holzstifte
Acrylfarben
Metallhaken
verzinkter Bindedraht, Ø 1,8 mm
wasserfester schwarzer Filzstift
geglühter Bindedraht
Buchenrundstab, Ø 8 mm
Dekoschmetterling aus Federn
Cotto-Töpfe

WERKZEUG

Holzbohrer, Ø 4 und 8 mm
Laub- oder Dekupiersäge
Gehrungslade mit Feinsäge
Schleifpapier
Seitenschneider

SO WIRD'S GEMACHT

Zeichnen Sie die Maße für die Grundplatte (28 x 37 cm) auf das Sperrholz oder lassen Sie sich eine entsprechende Platte im Baumarkt zuschneiden. Aus dem gleichen Sperrholz sägen Sie auch die Hakenleiste (5 x 28 cm). Alle Kanten mit feinem Schleifpapier glätten und leicht runden.

Grundieren Sie zunächst die Grundplatte mit weißer Acrylfarbe. Wenn die Farbe trocken ist, übertragen Sie die Vorlage für den Hasen auf die Sperrholzplatte. Bemalen Sie den Hasen, wie es auf dem Foto zu sehen ist, oder nach eigenem Geschmack.

Für den Zaun sägen Sie aus der Rechteckleiste sechs Zaunlatten, jeweils 16 cm lang, und zwei Querleisten, jeweils 18 cm lang. Die Zaunlatten werden an einem Ende mit der Laubsäge im spitzen Winkel abgeschrägt. Alle Kanten mit Schleifpapier glätten.

Bemalen Sie alle Leisten mit Acrylfarbe. Einen besonderen Effekt erzielen Sie, wenn Sie die Zaunlatten deckend in der gewünschten Farbe streichen und nach dem Trocknen mit einer anderen, stark wasserverdünnten Farbe stellenweise überstreichen. Nach dem Trocknen der Farbe befestigen Sie die Zaunlatten mit etwas Holzleim und Drahtstiften auf der Grundplatte, darauf die Querleisten. Der Zaun darf ruhig einen etwas windschiefen Eindruck machen.

In der Gehrungslade sägen Sie von dem Buchenrundstab fünf 6 cm lange Abschnitte für die Holzhaken. Markieren Sie auf der Hakenleiste die Lage der Holzhaken. Bohren Sie mit einem Holzbohrer vor, dann drehen Sie die Holzstifte langsam unter Zugabe von Holzleim ein.

Für die Aufhängung bohren Sie mit einem 4-mm-Holzbohrer entlang der oberen Kante zwei Löcher. Die Hakenleiste wird mit Drahtschlingen an der unteren Kante angehängt. Schneiden Sie mit dem Seitenschneider zwei 10 cm lange Drahtstücke ab. Auch hier bohren Sie sowohl in die Grundplatte als auch in die Hakenleiste Löcher, durch die Sie den Draht ziehen.

Einen Dekoschmetterling aus Federn kleben Sie mit Heißkleber auf einem Zaunpfosten fest. Für die bepflanzten Cotto-Töpfe etwas Buchsbaum oder Ähnliches zuschneiden und mit Heißkleber im Topf festkleben. Die Töpfe kleben Sie ebenfalls mit Heißkleber am Zaun fest.

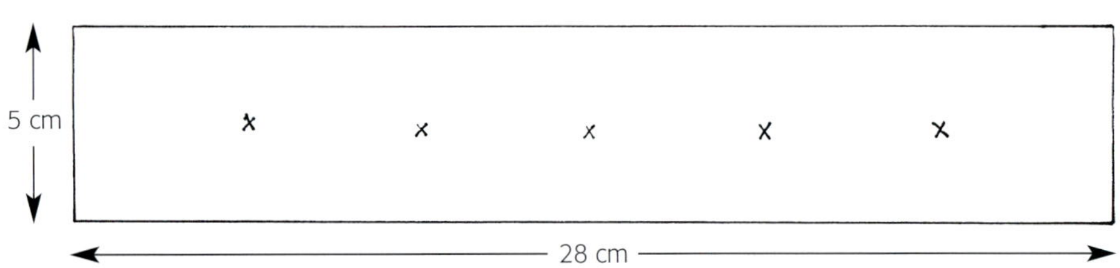

TIPP

Ein modebewusster Gärtnerhase trägt einen Schal bei der Arbeit. Diesen einfach aus einem Stück Stoff zuschneiden und mit Heißkleber am Hals befestigen.

Beeteinfassung Huhn

Vorlage siehe Vorlagenbogen Seite A

MATERIAL

wasserfest verleimtes Sperrholz, 12 mm dick
Acrylfarben
Patina
transparenter Acryllack

WERKZEUG

schwarzer wasserfester Lackstift
Laub- oder Dekupiersäge
Holzraspel
Schleifpapier
Baumwolltuch
Schwamm

SO WIRD'S GEMACHT

Übertragen Sie die Vorlage für die Hühner so oft wie benötigt auf das Sperrholz. Sägen Sie die Formen mit einer Laub-oder Dekupiersäge aus. Die sägerauen Kanten werden mit einer Holzraspel leicht gerundet und anschließend mit Schleifpapier geglättet.

Grundieren Sie die Hühner zunächst mit weißer Acrylfarbe, dann bemalen Sie das Holz, wie es das Foto zeigt, oder nach eigenen Vorstellungen. Die schwarzen Kreuze malen Sie nach dem Trocknen des Lacks mit einem schwarzen wasserfesten Lackstift auf. Die Oberflächen können durch die Verwendung von Patina gealtert werden: Geben Sie etwas Patina auf ein Baumwolltuch und tragen Sie sie auf die Oberfläche gleichmäßig auf. Sollte dieser Effekt an einigen Stellen zu stark geraten sein, können Sie die Patina mit einem feuchten Schwamm wieder etwas abreiben.

Nach dem Trocknen der Patina versiegeln Sie die Oberfläche mit transparentem Acryllack. Die feinen Konturen der Augen malen Sie mit einem Lackstift auf. Alternativ können Sie die Hühner auch mit farbigen Beizen behandeln, diese Oberflächenbehandlung ist witterungsbeständiger.

TIPP

Ziehen Sie die Beeteinfassung im Spätherbst aus der Erde und reinigen Sie die Oberfläche mit einem feuchten Schwamm und etwas Spülmittel. So haben Sie lange Freude an der Hühnerparade.

Windspiel »Kuhstall«

Vorlage siehe Vorlagenbogen Seite A

MATERIAL

wasserfest verleimtes Sperrholz Birke, 6 mm dick
Aluminiumstab, Ø 4 mm, 100 cm lang
Acrylfarben
Creplaschlauch
Holzleim
Quadratstab Fichte, 12 x 12 mm
geglühter Bindedraht
ein Stück Juteschnur für den Schwanz

WERKZEUG

Laub- oder Dekupiersäge
Schleifpapier
Hammer
Holzbohrer, Ø 2, 3 und 4 mm
Seitenschneider
Gehrungslade mit Feinsäge
Schere

SO WIRD'S GEMACHT

Übertragen Sie die Vorlage vom Vorlagenbogen auf das Sperrholz, je einmal für die Scheune und die Kuh und viermal für die Beine. Sägen Sie alle Teile mit einer Laub- oder Dekupiersäge aus. Die sägerauen Kanten mit etwas Schleifpapier glätten.

Die Beine werden mit Draht am Körper der Kuh befestigt. Bohren Sie dazu an den markierten Stellen Löcher mit einem 2-mm-Holzbohrer.

Bemalen Sie Stall und Kuh auf beiden Seiten mit Acrylfarbe und lassen Sie die Farbe trocknen. Mit einem Seitenschneider schneiden Sie etwa 5 cm lange Drahtstücke ab. Ziehen Sie den Draht durch die Bohrlöcher und hängen Sie die Beine an. Drehen Sie die losen Enden des Drahtes zusammen und schneiden Sie den Überstand ab.

Für den Schwanz bohren Sie mit einem 3-mm-Holzbohrer ein Loch und setzen die Juteschnur mit Heißkleber ein.

Auf dem Quadratstab markieren Sie mit Bleistift die Schnittlinien für vier seitengleiche Würfel. In der Mitte zwischen den Markierungen bohren Sie quer zur Faser ein Loch mit 4 mm Durchmesser, dann sägen Sie die Würfel in der Gehrungslade.

Stecken Sie den Aluminiumstab durch die Würfel, dann verleimen Sie die Kuh und den Stall mit den Würfeln: Leimen Sie zwei Würfel an das Dach, einen an die Kuh und den vierten an den Boden des Stalls, jeweils entlang der Mittelachse. Lassen Sie den Holzleim trocknen.

Alle Teile können jetzt frei um den Aluminiumstab rotieren. Von dem Creplaschlauch schneiden Sie mit einer Schere etwa 1 cm lange Stücke ab. Sie werden mit auf den Aluminiumstab gesteckt und dienen als Stopper, damit Stall und Kuh in ihrer Position auf dem Stab gehalten werden.

Trittsteine aus Magerbeton

Vorlage siehe Vorlagenbogen Seite A

MATERIAL

Zement
Estrichsand
Tischlerplatte, 22 mm dick
Öl (z. B. Fahrradöl)
Holzleim

WERKZEUG

Stich- oder Dekupiersäge
Holzbohrer, Ø 6 mm
Schleifpapier
Schraubzwingen
Eimer
Spachtel
Schrühflasche
Leiste

SO WIRD'S GEMACHT

Für die Herstellung der Form benötigen Sie zwei gleich große Bretter aus Tischlerplatte, etwa 40 x 30 cm groß. Lassen Sie sich diese im Baumarkt zuschneiden. Leimen Sie beide Platten mit Holzleim zusammen. Bis zum Abbinden des Leims werden sie mit Schraubzwingen zusammengespannt.

Übertragen Sie die Musterzeichnung vom Vorlagenbogen auf die Tischlerplatte. Mit einer Bohrmaschine und einem 6-mm-Holzbohrer bohren Sie innerhalb der Form ein Loch, durch das Sie das Sägeblatt der Dekupiersäge einführen, um es auf der anderen Seite wieder an der Sägeblattaufhängung zu befestigen. Sägen Sie die Form langsam aus. Verwenden Sie unbedingt ein stabiles Sägeblatt, da es aufgrund der Holzdicke leicht reißen kann. Die Kanten glätten Sie mit Schleifpapier.

Sägen Sie die Form wie auf der Zeichnung angegeben in zwei Teile

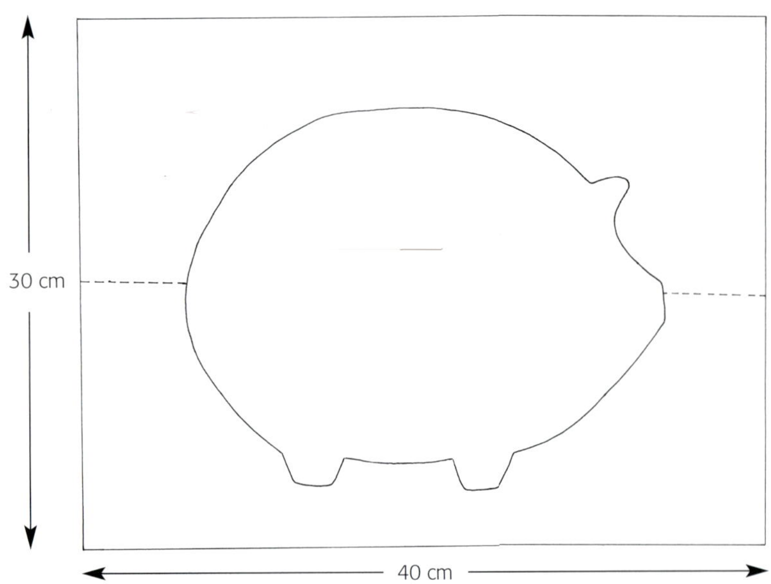

(vorher mit Lineal und Bleistift aufzeichnen). Legen Sie Ihren Arbeitsplatz mit Zeitungspapier aus. Die geteilte Form spannen Sie mit Schraubzwingen wieder zusammen und pinseln die Innenkanten mit Öl ein.

Geben Sie Sand und Zement im Verhältnis 3 : 1 trocken in einen Eimer und mischen Sie alles gleichmäßig durch. Dann feuchten Sie die Mischung vorsichtig an, bis sie eine erdfeuchte Konsistenz erreicht hat. Zum gleichmäßigen Verteilen der Feuchtigkeit verwenden Sie einen Spachtel.

Füllen Sie den Beton mit dem Spachtel in die eingeölte Form. Ziehen Sie die Oberfläche mit einer flachen Leiste glatt und heben Sie die Form langsam ab. Der Beton darf nicht in der Form trocknen. Besprühen Sie den Beton ab und zu mit der Sprühflasche – Beton benötigt zum Trocknen Feuchtigkeit.

Scharfe Kanten glätten Sie mit einem nassen Pinsel. Vor dem Bemalen lassen Sie die Trittsteine einige Tage trocknen. Diese Trittsteine sind frostfest und können im Garten überwintern. Versenken Sie sie mindestens 2 cm tief im Boden.

TIPP

Auch aus Styropor lassen sich solche Formen herstellen. Sie sind zwar nicht so haltbar wie die aus Holz, führen aber zum gleichen Ergebnis. Styroporplatten sind im Baumarkt in verschiedenen Dicken erhältlich.

Leuchter aus Ästen

MATERIAL

2 Baumscheiben, Ø etwa 30 bis 35 cm
1 Astgabel, vier- bis fünfarmig, Ø etwa 6 cm
1 Ast, Ø 5 bis 7 cm, für die Kerzenteller
Holzschrauben
Holzleim
Seiden- und Karobänder, verschiedene Farben
silberne Glöckchen

WERKZEUG

Holzbohrer, Ø 4 mm,
Zylinderbohrer, Ø 25 mm
elektrische Kappsäge

SO WIRD'S GEMACHT

Lassen Sie sich in einem Sägewerk zwei unterschiedlich große Baumscheiben zuschneiden. Das Holz soll gut trocken sein.

Den Stamm der Astgabel sägen Sie unten mit der Kappsäge gerade ab. Aus einem 5 bis 7 cm dicken Ast sägen Sie für jeden Arm des Leuchters mit der Kappsäge einen 3 cm hohen Kerzenteller ab. Mit einem Bleistift markieren Sie die Mitte und bohren mit einem 25-mm-Zylinderbohrer 2 cm tief aus.

Die einzelnen Äste der Astgabel werden auf gleicher Höhe abgesägt, sodass die Schnittflächen parallel zur Bodenfläche liegen. In die Kerzenteller bohren Sie mit einem 4-mm-Holzbohrer in der Mitte der Vertiefung ein Loch für die Holzschraube. Schrauben Sie die Teller auf der Astgabel fest.

In die Mitte der kleineren Baumscheibe bohren Sie mit einem 4-mm-Holzbohrer drei Löcher, durch die Sie die Astgabel von unten anschrauben. Danach schrauben Sie die größere Baumscheibe von unten dagegen. Auch hierfür werden die Schraubenlöcher vorgebohrt.

Aus verschiedenen Seiden- und Karobändern schneiden Sie 50 bis 70 cm lange Stücke ab und binden sie unterhalb der Kerzentülle fest. An den Enden der Bänder werden Glöckchen befestigt.

TIPP

Lassen Sie die Kerzen auf diesem rustikalen Kerzenleuchter nie ohne Aufsicht brennen.

BIN IM
GARTEN

Schild »Bin im Garten«

Vorlage siehe Vorlagenbogen Seite A

MATERIAL

Leimholz Fichte, 19 mm dick
Balsaholz, 8 mm dick
Acrylfarbe
Patina
Holzleim
verzinkter Bindedraht

WERKZEUG

Laub- oder Stichsäge
Holzbohrer, Ø 3 mm
Bastelmesser, Seitenschneider
Holzraspel, Schleifpapier
Kettelzange
wasserfester grüner Filzstift
Stoffrest

SO WIRD'S GEMACHT

Zeichnen Sie die Maße der Grundplatte (14 x 28 cm) mit einem Lineal auf einen Rest Leimholz. Sägen Sie die Platte mit einer Laub- oder Stichsäge aus. Glätten Sie alle sägerauen Kanten mit Schleifpapier. Wenn Sie einen Abnutzungseffekt erzielen möchten, runden Sie die Kanten zunächst mit einer feinen Holzraspel und glätten sie anschließend mit feinem Schleifpapier. Mit einem 3-mm-Holzbohrer bohren Sie in den oberen Ecken zwei Löcher für die Aufhängung.

Die Vorlage für die Bäume übertragen Sie vom Vorlagenbogen auf das Balsaholz. Schneiden Sie die Umrisse mit einem Bastelmesser vorsichtig aus oder benutzen Sie die Dekupiersäge. Die Kanten der Bäume werden mit dem Bastelmesser stark abgerundet und mit Schleifpapier geglättet.

Kleben Sie die Bäume mit Holzleim auf die Grundplatte und lassen Sie den Leim trocknen. Bemalen Sie alles nach der Vorlage des Fotos. Um dem Schild ein antikes Aussehen zu verleihen, geben Sie etwas Patina auf einen Stoffrest und reiben die Oberfläche damit ein. Für den Schriftzug verwenden Sie einen wasserfesten grünen Filzstift.

Mit einem Seitenschneider schneiden Sie ein etwa 45 cm langes Stück verzinkten Bindedraht ab. Schieben Sie den Draht durch die Bohrungen und drehen Sie die Drahtenden mit einer Kettelzange zu einer Schlaufe.

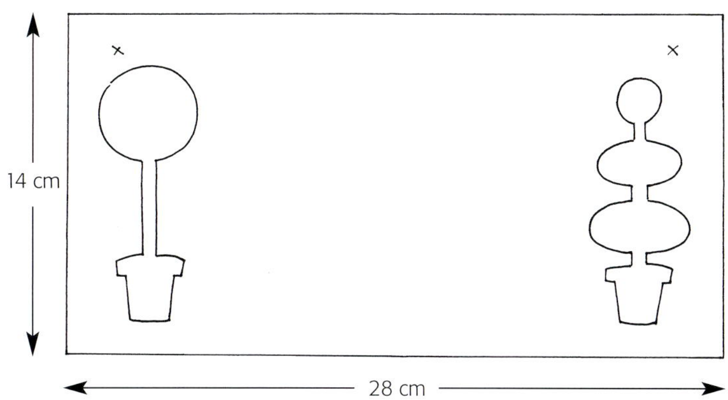

»Bitte Blumen gießen«

Vorlage siehe Vorlagenbogen Seite B

MATERIAL

Leimholz Fichte, 19 mm dick
Sperrholz, 6 mm dick
Rechteckleisten, 20 x 5 mm
Holzleim
Drahtstifte
Acrylfarben
verzinkter Bindedraht
Miniatur-Cotto-Töpfe
Stoffrest
Miniatur-Gießkanne

WERKZEUG

Laub- oder Dekupiersäge
Schleifpapier
Holzbohrer, Ø 3 mm
Seitenschneider
Bastelmesser
Lack- oder Buntstift
dünner Rundstab

SO WIRD'S GEMACHT

Übertragen Sie die Vorlage vom Vorlagenbogen auf das Leimholz. Sägen Sie alle Teile mit der Dekupiersäge aus. Die sägerauen Kanten mit Schleifpapier glätten. Mit einem 3-mm-Holzbohrer bohren Sie an allen markierten Stellen Löcher für die spätere Verdrahtung.

Für den Zaun sägen Sie von der Rechteckleiste sieben 21 cm lange Zaunlatten ab. Die Enden können rechtwinklig bleiben, wie es das Foto zeigt, Sie können sie aber auch mit der Dekupier- oder Laubsäge abschrägen. Als Querleisten sägen Sie zwei 26 cm lange Stücke.

Die Zaunlatten leimen Sie im Abstand von 2 cm auf die Querleisten auf. Wenn der Leim getrocknet ist, werden sie zusätzlich mit einigen Drahtstiften festgenagelt.

Alle Teile nach den Angaben des Fotos bemalen. Mit 10 cm langen Abschnitten Bindedraht verbinden Sie die einzelnen Teile miteinander. Verknoten Sie die Drahtenden auf der Rückseite und kneifen Sie den Überstand mit einem Seitenschneider ab.

Den Zaun befestigen Sie mit Holzleim und Drahtstiften auf der Rückseite der Figur. Die Cotto-Töpfe kleben Sie mit Heißkleber am Zaun fest und füllen sie nach Belieben. Um die Figur aufzuhängen, bohren Sie durch die Hutkrempe zwei Löcher, durch die ein etwa 35 cm langes Stück Bindedraht gezogen und an den Enden zu einer Schlaufe verknotet wird.

Das Schild, das der Gärtner um den Hals trägt, wird aus Sperrholz zugeschnitten. Es hat die Maße 55 x 45 mm. Bohren Sie für die Drahtaufhängung am oberen Rand zwei Löcher.

Grundieren Sie das Schild mit weißer Acrylfarbe. Nach dem Trocknen der Farbe ziehen Sie ein etwa 15 cm langes Stück Bindedraht durch die Bohrungen und verknoten es. Die Aufschrift malen Sie mit einem Lack- oder Buntstift auf.

Aus einem Stoffrest knoten Sie ein Halstuch. Für die Brille biegen Sie ein etwa 15 cm langes Stück grünen Bindedraht zu einer Brille, wobei Sie einen dünnen Rundstab oder einen runden Bleistift zu Hilfe nehmen.

TIPP

Eine Miniaturgießkanne aus dem Bastelgeschäft und einige Blumen befestigen Sie am Arm des Gärtners.

Bitte Blumen
gießen

Pflanzkasten aus Peddigrohr

Vorlage siehe Vorlagenbogen Seite B

MATERIAL

wasserfest verleimtes Sperrholz, 4 mm dick
Peddigrohr
verzinkter Bindedraht, Ø 1,8 mm
Holzbeize in Grau
Sprühlack in Weiß

WERKZEUG

Drahtzange, Radiozange
Dekupier- oder Laubsäge
Schleifpapier
Atemschutzmaske
Holzbohrer, Ø 3 mm

SO WIRD'S GEMACHT

Kopieren Sie die ovale Vorlage vom Vorlagenbogen auf die doppelte Größe und übertragen Sie die Umrisse auf das Sperrholz. Sägen Sie die Kontur mit einer Dekupier- oder Laubsäge aus. Die sägerauen Kanten mit Schleifpapier glätten.

Etwa 7 mm vom Rand bohren Sie mit der Bohrmaschine 3 mm große Löcher im Abstand von 3 cm. Aus verzinktem Bindedraht 15 cm lange Stücke abknipsen und an den Enden mit der Radiozange zu einer Schnecke eindrehen. Das offene Ende der Drähte stecken Sie von unten durch die Bohrungen.

Weichen Sie das Peddigrohr 15 Minuten in Wasser ein. Anschließend flechten Sie es zwischen die Drähte, bis die erwünschte Höhe erreicht ist. Den überstehenden Draht drehen Sie zum Schluss wieder mit einer Radiozange zu einer Schnecke ein.

Beizen Sie den Korb, sobald das Peddigrohr getrocknet ist, mit grauer Holzbeize. Lassen Sie die Farbe mindestens drei Stunden trocknen. Anschließend lackieren Sie den Korb an einem gut belüfteten Ort mit weißem Sprühlack, sodass die graue Beize teilweise noch durchschimmert. Tragen Sie bei dieser Arbeit unbedingt eine Atemschutzmaske.

Philosophenbank

Die Pfostenhalter werden in den vorgegebenen Maßen eingeschlagen, die Kanthölzer eingesetzt und Ziergitter und Flechtzaunhalter befestigt.

MATERIAL

4 Kanthölzer, Querschnitt 70 x 70 mm, 210 cm lang
2 Ziergitter, 180 x 60 cm
18 Flechtzaunhalter
4 Metallwinkel für die Kanthölzer der Sitzfläche
4 Pfostenhalter für die Kanthölzer, verzinkt
Dachpappe und Dachpappennägel
Holzschutzgrund
Holzlasur
Holzschrauben

für die Rückwand:
Nut- und Federbretter, Querschnitt 85 x 18 mm, 210 cm lang, für eine Breite von 140 cm
3 Rechteckleisten, Querschnitt 70 x 18 mm, 140 cm lang

für das Dach:
Nut- und Federbretter, Querschnitt 85 x 18 mm, 210 cm lang, für eine Breite von 82 cm
2 Rechteckleisten, Querschnitt 70 x 18 mm, 82 cm lang
2 Rechteckleisten, Querschnitt 70 x 18 mm, 60 cm lang
4 Rechteckleisten, Querschnitt 70 x 18 mm, 120 cm lang

für den Giebel:
1 Kantholz, Querschnitt 70 x 70 mm, 140 cm lang
2 Kanthölzer, Querschnitt 70 x 70 mm, 81 cm lang
Nut- und Federbretter, Querschnitt 85 x 18 mm, für eine Breite von 140 cm

für die Sitzfläche:
2 Kanthölzer, Querschnitt 60 x 60 mm, 67 cm lang
3 Bretter, Querschnitt 200 x 35 mm, 140 cm lang

Die stabilisierende Rückwand wird eingesetzt. Zur Aufnahme der Sitzbank werden in passender Höhe Kanthölzer an jeweils zwei Metallwinkeln angeschraubt.

WERKZEUG

Vorschlaghammer
Wasserwaage
Gehrungssäge
Holzbohrer, Ø 8 mm
Schleifpapier
Akkuschrauber
Zimmermannswinkel
Stichsäge
Bastel- oder Teppichmesser
Hammer

SO WIRD'S GEMACHT

Bevor Sie mit dem Aufbau der Bank beginnen, sollten Sie alle Holzteile mit Holzschutzgrund streichen. Beim Bauen sollten Sie sich von einer zweiten Person helfen lassen.

Markieren Sie an der Stelle im Garten, wo die Bank stehen soll, den Grundriss (ein Rechteck mit den Maßen 147 x 67 cm). In den Eckpunkten dieses Recktecks verankern Sie die verzinkten Pfostenhalter im Boden, indem Sie ein Kantholz in den Halter stecken und das Ganze mit einem Vorschlaghammer einschlagen oder indem Sie die Pfostenhalter einbetonieren. Wie Sie vorgehen, hängt letztlich von der Beschaffenheit des Bodens ab.

Wenn Sie die Pfostenhalter einschlagen, prüfen Sie zwischendurch ihre Ausrichtung immer wieder mit der Wasserwaage, damit die Halter genau senkrecht in den Boden eingebracht werden.

Die langen Kanthölzer längen Sie mit einer Gehrungssäge im Winkel von 30 Grad auf eine Länge von 190 cm ab. Glätten Sie die sägerauen Kanten mit Schleifpapier.

Stecken Sie die Kanthölzer in die Pfostenhalter, ohne sie jedoch zu verschrauben. Halten Sie die Ziergitter probeweise mit etwas Bodenabstand zwischen die Pfosten und markieren Sie die Position der Flechtzaunhalter (jeweils drei auf jeder Seite) mit einem Stift. Bohren Sie die Löcher für die Halter mit einem 8-mm-Holzbohrer vor. Drehen Sie die Halter in den Pfosten, setzen Sie die Zierelemente dazwischen und schrauben Sie sie von hinten an. Leimen Sie die Nut- und Federbretter für die Rückwand zusammen. Die Rückwand wird auf der Rückseite mit drei Querleisten verschraubt.

Zeichnen Sie die Dachschräge im oberen Bereich der Rückwand an. Sägen Sie die Rückwand mit einer Stichsäge zu und glätten Sie die sägerauen Kanten mit Schleifpapier.

Auch zum Befestigen der Rückwand zwischen den hinteren Pfosten ver-

wenden Sie Flechtzaunhalter, jeweils drei auf jeder Seite für die Querleisten. Halten Sie die Rückwand an, um die Position der Halter zu markieren. Drehen Sie die Halter in die Pfosten, dann schrauben Sie die Rückwand daran fest. Die Schräge muss mit dem Gehrungsschnitt der Pfosten eine Linie bilden.

Wie bei der Rückwand leimen Sie die Nut- und Federbretter für den Giebel zusammen. Sägen Sie die Kanthölzer für den Giebel auf Gehrung und fügen Sie sie zum Dreiecksrahmen zusammen. Er wird oben zwischen die Seitenwände geschraubt, dann sägen Sie die Schräge und schrauben die Giebelfront auf den Dreiecksrahmen.

Für das Dach leimen Sie Nut- und Federbretter zusammen. Die Dachflächen werden auf Querleisten geschraubt, jeweils in einem Abstand von 15 cm zum Brettende. Die Länge der Querleisten nehmen Sie am Rohbau zwischen Giebel und Rückwand ab. Mit der Stichsäge schrägen Sie die Kanten der Dachflächen, die am First zusammenstoßen, auf 30 Grad Gehrung. Für einen geraden Schnitt verwenden Sie dazu eine Führungsleiste.

Schneiden Sie die Dachpappe passend zur Dachfläche zu. Verwenden Sie dazu ein stabiles Bastel- oder Teppichmesser. Die Dachpappe wird mit Dachpappennägeln aufgenagelt. Legen Sie das Dach auf Giebel und Rückwand auf und schrauben Sie es mit langen Holzschrauben fest. Die Dachblenden werden jeweils auf 30 Grad Gehrung zugeschnitten und an Stirn- und Rückseite des Daches mit Holzschrauben angeschraubt.

Legen Sie die Höhe der Bank fest. Schrauben Sie an den Innenseiten der Pfosten Winkel an, auf denen die Kanthölzer für die Sitzfläche befestigt werden. Die Kanthölzer werden von unten verschraubt. Die Bohlen für die Sitzfläche legen Sie mit etwa 20 mm Abstand zueinander auf. Sie werden mit jeweils zwei Holzschrauben auf den Kanthölzern festgeschraubt.

Zum Schluss streichen Sie die Bank mit einer Holzlasur.

Leuchten aus Weckgläsern

MATERIAL

Weckgläser in verschiedenen Größen
Glasmalfarbe
Glasreiniger oder Spülmittel
Glaskonturenfarbe in Gold
verzinkter Bindedraht
Patina in Gold

WERKZEUG

Pinsel
Kreppband
Kettelzange
Seitenschneider
Lötkolben, Lötzinn

SO WIRD'S GEMACHT

Reinigen Sie die Gläser vor dem Bemalen gründlich mit Glasreinger oder Spülmittel, damit die Oberfläche fettfrei ist. Kleben Sie mit Kreppband horizontal verschieden große Abschnitte ab. Mit einem mittelgroßen Feinhaarpinsel nehmen Sie etwas Glasmalfarbe auf und bemalen das Glas dünn und gleichmäßig. Lassen Sie die Farbe trocknen.

Anschließend verzieren Sie die verschiedenen Farbstreifen mit goldener Glaskonturenfarbe, indem Sie Formen wie Schnecken, Punkte, Elipsen und waagerechte Linien auftragen. Die

Glaskonturenfarbe trocknet innerhalb mehrerer Stunden fest aus. Sollten Sie sich einmal vermalt haben, können Sie die Farbe mit Nitroverdünnung wieder entfernen (Vorsicht: Dämpfe nicht einatmen).

Schneiden Sie ein dem Umfang des Glases entsprechendes Stück Bindedraht ab. Biegen Sie es um den Glashals, wobei Sie die Drahtenden ineinander haken und zu einer Schlaufe biegen.

Die Aufhängung gestalten Sie ähnlich wie auf dem Foto oder nach eigenen Vorstellungen. Zeichnen Sie die gewählte Form auf ein Stück Pappe auf. Damit die Aufhängung symmetrisch wird, genügt es, wenn Sie eine Hälfte skizzieren.

Mit dem Seitenschneider schneiden Sie ein etwa 70 cm langes Stück Bindedraht ab. Biegen Sie den Draht in der Mitte zusammen und drehen Sie die Enden entsprechend Ihrer Skizze mit einer Kettelzange ein.

Die Aufhängung wird an den Drahtring am Glas angelötet. Heizen Sie den Lötkolben auf und schmelzen Sie ein wenig Lötzinn mit der aufgeheizten Lötspitze. Die Spitze mit dem Lötzinn halten Sie kurz auf die zu verbindenden Stellen, dann lassen Sie die Lötstelle abkühlen. Die Spitze des Lötkolbens sollte möglichst nicht mit dem Glas in Kontakt kommen, sonst besteht die Gefahr, dass es springt.

Sobald der Lötpunkt abgekühlt ist, streichen Sie die Aufhängung mit Patina, Gold.

Mosaiktisch

MATERIAL

Tischgestell
Platte aus wasserfest verleimtem Sperrholz, 18 mm dick
Klarlack
Fliesen in verschiedenen Farben
Fliesenkleber
Fugenmörtel
Holzschrauben
Flachmetall (z. B. Aluminium) für die Tischkanten
Metallgrund
Lack

WERKZEUG

Hammer
alte Handtücher
Fliesenzange
Eimer
Gummispachtel
Rührholz
fusselfreies Tuch
Schwamm
Metallbohrer, Ø 6 mm
Akkuschrauber
wasserfester Filzstift
Metallsäge
Metallfeile
Schutzbrille

SO WIRD'S GEMACHT

Die Größe der Sperrholzplatte Ihres Mosaiktischs richtet sich nach dem zur Verfügung stehenden Tischgestell. Die Platte des abgebildeten Tischs hat die Maße 70 x 70 cm. Übertragen Sie die Vorlage mit einem wasserfesten Filzstift auf die Sperrholzplatte. Versiegeln Sie die Oberfläche mit einer Schicht Klarlack und lassen Sie den Lack trocknen. Die Fliesen legen Sie zwischen zwei Handtücher und zerkleinern sie mit einem Hammer, bis Sie genügend Bruchstücke für Ihr Mosaik haben. Mit einer Fliesenzange können Sie Fliesenstücke auch passgenau abbrechen. Tragen Sie bei dieser Tätigkeit unbedingt eine Schutzbrille, um Verletzungen durch abplatzende Splitter zu vermeiden.

Geben Sie mit einem kleinen Spachtel etwas Fliesenkleber auf die Rückseite der Fliesenstücke und drücken Sie diese auf der Tischplatte fest. Lassen Sie den Fliesenkleber mindestens zwölf Stunden trocknen.

Rühren Sie den Fugenmörtel mit etwas Wasser und einem Rührholz nach den Angaben des Herstellers an. Tragen Sie den Fugenmörtel mit

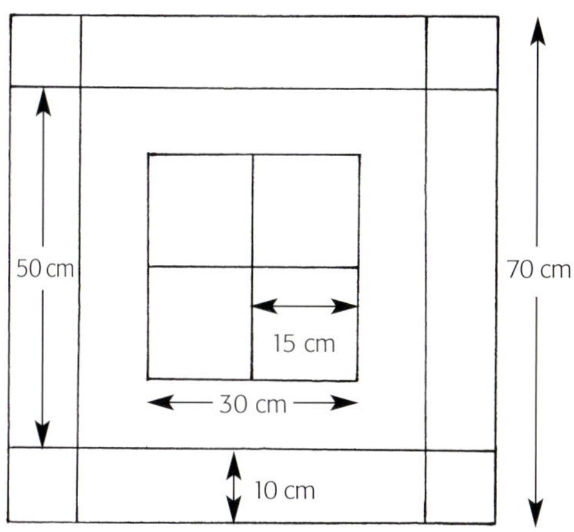

einem Gummispachtel auf und arbeiten Sie ihn in die Fugen ein. Überschüssigen Fugenmörtel wischen Sie mit einem feuchten Schwamm ab.

Nach dem Trocknen polieren Sie die Oberfläche mit einem fusselfreien Tuch. Sollte ein Zementschleier zurückbleiben, entfernen Sie ihn mit etwas Haushaltsessig.

Anschließend werden die Leisten mit Holzschrauben an der Tischplatte angeschraubt.

Die Tischkanten werden mit Flachmetall eingefasst, das Sie mit einer Metallsäge zusägen. Glätten Sie die Sägekanten mit einer Metallfeile. Bohren Sie die Metallstücke im Abstand von 20 cm mit einem 6-mm-Metallbohrer an. Streichen Sie das Metall mit einem Lack entsprechend der Farbe des Tischgestells. Es ist empfehlenswert, das Metall vorher mit Metallgrund zu grundieren.

Heidschnucken

Vorlage siehe Vorlagenbogen Seite B

MATERIAL

wasserfest verleimtes Sperrholz, 16 mm dick
Holzdübel, Ø 8 mm
Holzleim
Acrylfarbe
Klarlack
Teichfolie

WERKZEUG

Stich- oder Dekupiersäge
Schleifpapier
Dübelanreißer
Holzbohrer, Ø 8 mm
Schraubzwingen
Tacker
Filzstift, wasserfest

SO WIRD'S GEMACHT

Übertragen Sie die Musterzeichnung mit den gestrichelten Linien für den Blumenkasten vom Vorlagenbogen zweimal auf das Sperrholz, einmal seitenrichtig und einmal seitenverkehrt. Sägen Sie die Figuren mit einer Stich- oder Dekupiersäge aus. Alle sägerauen Konturen mit Schleifpapier glätten. Für den Blumenkasten sägen Sie zwei Stirnbretter (jeweils 20 x 17 cm) und ein Bodenbrett (20 x 26 cm) zu. Auch hier die sägerauen Kanten glätten.

Um eine stabile Verbindung zu schaffen, werden die Teile des Kastens an die Seitenteile geleimt und zusätzlich mit Holzdübeln verbunden (jedes Brett mit zwei Dübeln auf jeder Seite). Markieren Sie die Dübelpunkte zunächst auf einem Seitenteil und bohren Sie etwa 12 mm tiefe Dübellöcher. Setzen Sie die Dübelanreißer in die Bohrungen und drücken Sie die Kastenbretter dagegen.

Die Lage der Gegenbohrungen wird durch die Spitzen der Dübelanreißer markiert. Bohren Sie die Dübellöcher in die Kastenbretter, setzen Sie die Dübel mit Holzleim in die Bohrungen und leimen Sie die Bretter auf das Seitenteil.

Gehen Sie genauso vor bei der Montage des zweiten Seitenteils. Spannen Sie das Ganze mit Schraubzwingen zusammen.

Bemalen Sie den Blumenkasten von innen und außen nach der Vorlage des Fotos oder nach Ihren eigenen Vorstellungen. Die Umrisse von Augen und Mund malen Sie mit einem feinen wasserfesten Filzstift auf. Anschließend lackieren Sie den gesamten Blumenkasten mit Klarlack und kleiden ihn mit Teichfolie aus, die Sie mit einem Tacker an der Innenseite befestigen.

TIPP

Binden Sie aus Jutekordel ein Halsband und hängen Sie ein silbernes Glöckchen daran.

Gartenlaterne

Vorlage siehe Vorlagenbogen Seite B

MATERIAL

wasserfest verleimtes Sperrholz, 8 mm dick
Holzleim
Ringschrauben
Acrylfarben
Krakelierlack, Klarlack
verzinkter Bindedraht, Ø 1,8 mm
Stiftnägel
Teelicht

WERKZEUG

Pinsel
Laub- oder Dekupiersäge
Schleifpapier
Seitenschneider
Hammer
Bohrmaschine mit Zylinderbohrer, Ø 35 mm

SO WIRD'S GEMACHT

Übertragen Sie die Musterzeichnung vom Vorlagenbogen viermal auf das Sperrholz. Sägen Sie die Seitenteile und den Boden (14 x 14 cm) aus und glätten Sie die sägerauen Kanten mit Schleifpapier. In die Bodenplatte bohren Sie mit einem 35-mm-Zylinderbohrer eine Vertiefung von 5 mm. Grundieren Sie die Innenseiten der Seitenteile mit weißer Farbe und lassen Sie die Farbe trocknen.

Leimen Sie alle Seitenteile und die Bodenplatte zusammen. Um den Verbindungen mehr Stabilität zu geben, schlagen Sie in die Schmalseiten der einzelnen Seitenteile oben und unten je zwei Stiftnägel etwa zur Hälfte ein. Kneifen Sie den Überstand mit einem Seitenschneider ab und schlagen Sie die Stifte vollends ein.

Grundieren Sie die Außenseiten zunächst in Dunkelbraun und lassen Sie die Farbe trocknen. Tragen Sie anschließend eine dünne Schicht Krakelierlack auf die Grundfarbe auf, wobei Sie den Pinsel immer nur in eine Richtung führen.

Sobald der Krakelierlack getrocknet ist, tragen Sie den Decklack auf. Nehmen Sie mit einem weichen Pinsel etwas wasserverdünnte Acrylfarbe auf und streichen Sie auch den Decklack immer nur in eine Richtung auf. Die Lackschicht krakeliert augenblicklich. Der Lack sollte mindestens sechs Stunden trocknen. Versiegeln Sie die Oberfläche mit Klarlack.

Für die Befestigung des Aufhängers drehen Sie zwei kleine Ringschrauben in die Seitenteile ein. Schneiden Sie ein etwa 40 cm langes Stück Draht ab, führen Sie die Drahtenden durch die Ringschrauben und befestigen Sie sie dort.

Stellen Sie ein Teelicht in die Laterne, aber lassen Sie es nie ohne Aufsicht brennen.

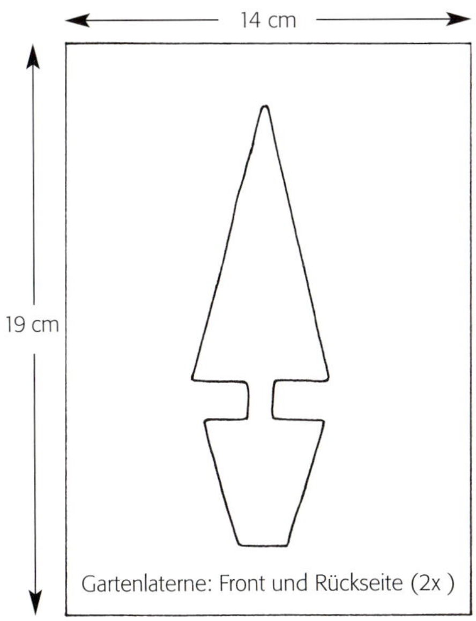

Gartenlaterne: Front und Rückseite (2x)

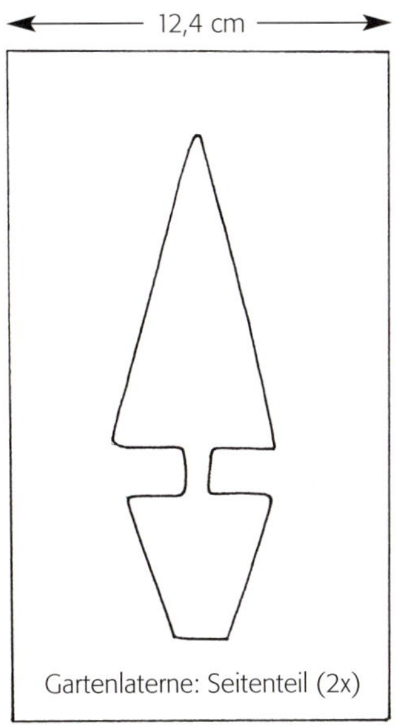

Gartenlaterne: Seitenteil (2x)

Vogeltränke mit Murano-Mosaik

Vorlage siehe Vorlagenbogen Seite B

MATERIAL

großer Cotto-Untersetzer
Glasmosaik in verschiedenen Farben
Silikonkleber
Fugenmörtel

WERKZEUG

Mosaikzange
Schwamm
Eimer
Schutzbrille

SO WIRD'S GEMACHT

Übertragen Sie die Vorlage vom Vorlagenbogen auf die Oberfläche des Cotto-Untersetzers. Am besten stellen Sie sich dazu eine Schablone her. Mit einer Mosaikzange können Sie die Mosaiksteinchen passgenau abbrechen. Bei der Herstellung des Mosaiks verfahren Sie so, wie es bei den Mosaik-Trittsteinen (Seite 51) beschrieben ist.

Mosaik-Trittsteine

MATERIAL

Cotto-Untersetzer
Fliesen mit Dekor
Fliesenkleber
Fugenmörtel
Essigreiniger

WERKZEUG

Hammer
alte Handtücher
Schwamm
kleiner Spachtel
Gummispachtel
Eimer
fusselfreies Tuch
Schutzbrille
Handschuhe

SO WIRD'S GEMACHT

Aus schlichten Cotto-Untersetzern lassen sich mit etwas Geduld diese dekorativen Trittsteine für Ihr Gartenbeet herstellen. Legen Sie eine Dekorfliese zwischen zwei Handtücher und zerkleinern Sie sie mit einem Hammer, bis Sie ausreichend kleine Bruchstücke erhalten.

Wenn Sie über eine Mosaikzange verfügen, können Sie die Fliesen damit auch passgenau zerteilen. Tragen Sie bei dieser Tätigkeit unbedingt eine Schutzbrille, um sich gegen abplatzende Splitter zu schützen. Arbeiten Sie die Motive von innen nach außen. Setzen Sie das Dekor mit einem Fugenabstand von 3 bis 4 mm wieder im Untersetzer zusammen. Mit einem kleinen Spachtel geben Sie etwas Fliesenkleber auf die Rückseite der einzelnen Bruchstücke und drücken sie auf dem Boden des Untersetzers fest. Sollten größere Lücken geblieben sein, setzen Sie passende Bruchstücke dazwischen. Lassen Sie den Fliesenkleber mindestens zwölf Stunden trocknen.

Zum Verfugen rühren Sie den Fugenmörtel mit etwas Wasser nach den Angaben des Herstellers an. Tragen Sie dabei unbedingt Handschuhe, da Fugenmörtel die Haut angreifen kann.

Verteilen Sie den Fugenmörtel mit einem Gummispachtel auf dem Mosaik und arbeiten Sie ihn in die Fugen ein. Überschüssiges Material wischen Sie mit einem feuchten Schwamm ab.

Nach dem Trocknen polieren Sie das Mosaik mit einem fusselfreien Tuch. Falls ein Zementschleier zurückbleiben sollte, entfernen Sie ihn nach dem Trocknen mit etwas Haushaltsessig. Wenn Ihre Cotto-Untersetzer frostsicher sind und Sie frostfesten Fugenmörtel verwendet haben, können die Trittsteine auch über Winter im Freien bleiben.

Pflanzstecker aus Prägefolie

MATERIAL

Prägefolie in Silber
verzinkter Bindedraht
Klebeband
Transparentpapier

WERKZEUG

weiche Unterlage
Prägestift oder Kugelschreiber
Heißkleber
Schere
Seitenschneider
Bohrmaschine

SO WIRD'S GEMACHT

Übertragen Sie die Vorlage mit einem Bleistift auf Transparentpapier. Fixieren Sie das Transparentpapier mit Klebeband auf der Prägefolie.

Legen Sie das Metall mit der Vorlage auf eine weiche Unterlage und fahren Sie alle Konturen und Strukturen der Figur mit dem Prägestift oder einem Kugelschreiber nach.

Lösen Sie das Transparentpapier von der Metallfolie. Wenden Sie die Folie um und schreiben Sie die Namen der jeweiligen Gartenkräuter auf. Schneiden Sie das Schild mit einer Schere aus.

Mit einem Seitenschneider schneiden Sie ein etwa 50 cm langes Stück Draht ab. Nehmen Sie den Draht doppelt und spannen Sie die offenen Enden im Bohrfutter der Bohrmaschine fest. Verdrehen Sie ihn wie eine Kordel (siehe die Beschreibung zu den Rankhilfen aus Draht, Seite 23).

Schneiden Sie mit einem Seitenschneider den Draht auf eine Länge von 22 cm und biegen Sie die offenen Enden spiralförmig nach außen. Befestigen Sie den Drahthalter mit Heißkleber auf der Rückseite.

Originalgröße

Bank aus ungehobeltem Bauholz

Vorlage für den Ausschnitt in den Seitenteilen siehe Vorlagenbogen Seite B

MATERIAL

Bauholz ungehobelt, 45 mm dick, 200 mm breit
Pappe oder Fotokarton
Holzdübel, Ø 8 mm
Holzleim
Holzschutzgrund
Holzlasur in Weiß

WERKZEUG

Stichsäge
Schleifpapier
Bastelmesser oder Schere
Holzfeile
Holzbohrer, Ø 8 mm
Dübelanreißer
Schraubzwingen
Arbeitshandschuhe

SO WIRD'S GEMACHT

Ungehobelte Bretter sind in verschiedenen Breiten und Längen im Baumarkt erhältlich. Für dieses Modell wurden 200 mm breite Bretter verwendet. Schleifen Sie die Oberfläche vor der weiteren Bearbeitung mit grobem Schleifpapier ab, um lose Späne zu entfernen. Tragen Sie hierbei unbedingt Arbeitshandschuhe.

Übertragen Sie die Maße der Vorlagenzeichnung auf das Brett. Für die Beine stellen Sie sich eine Pappschablone her, ebenso für die Querzarge unter dem Sitzbrett. Zeichnen Sie die Umrisse auf stabile Pappe oder Fotokarton und schneiden Sie die Schablone mit einem Bastelmesser oder einer Schere aus.

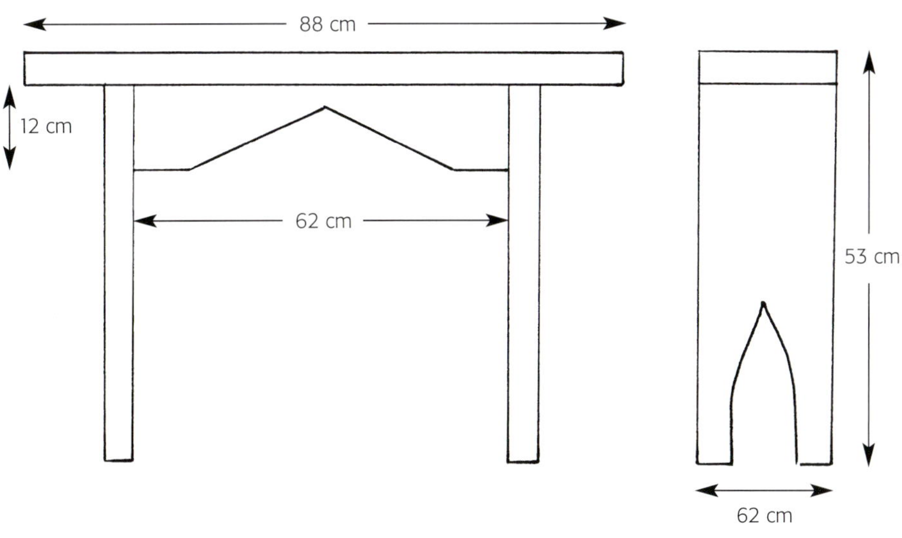

Übertragen Sie die Schablonenformen auf das Holz und sägen Sie die Teile mit einer Stichsäge aus. Runden Sie die sägerauen Kanten mit einer Holzfeile. Anschließend mit Schleifpapier glätten.

Um stabile Verbindungen zu schaffen, werden alle Teile mit Holzdübeln verleimt. Verwenden Sie für jede Verbindung mindestens zwei Holzdübel. Bohren Sie die Dübellöcher in einen Teil der Bank, setzen Sie Dübelanreißer ein und halten Sie das Gegenstück dagegen, um hier die Position der Bohrungen zu markieren. Setzen Sie die Holzdübel mit Holzleim in die Bohrlöcher ein und leimen Sie alle Teile zusammen. Verspannen Sie die Konstruktion bis zum Abbinden des Leims mit Schraubzwingen. Die Bank wird erst mit Holzschutzgrund, dann mit einer Holzschutzlasur gestrichen.

Thermometer »Let it snow«

Vorlage siehe Vorlagenbogen Seite B

MATERIAL

wasserfest verleimtes Sperrholz, 18 mm dick
wasserfest verleimtes Sperrholz, 6 mm dick
Thermometer
feine Äste
geglühter Bindedraht
Knöpfe
Acrylfarben
Patina
Stoffreste
Holzleim

WERKZEUG

Stich- oder Dekupiersäge
Schleifpapier
Holzbohrer, Ø 2,5 mm
Gartenschere
Schere
Tacker
Seitenschneider
wasserfester Filzstift
Lappen

SO WIRD'S GEMACHT

Übertragen Sie die Form der Grundplatte auf das 18 mm dicke Sperrholz. Sägen Sie die Platte mit einer Stich- oder Dekupiersäge aus und glätten Sie die sägerauen Kanten mit Schleifpapier.

Die Vorlagen für die Applikationen (den Schneemann, die Sterne und das Schriftband) übertragen Sie auf die 6 mm dicke Sperrholzplatte. Sägen Sie alle Teile aus und glätten Sie die Kanten.

Grundieren Sie die Grundplatte in Hellblau, den Schneemann, die Sterne und das Schriftband in Weiß. Nach dem Trocknen schleifen Sie die Farbe an den Kanten wieder leicht ab. Geben Sie etwas Patina auf einen Lappen und reiben Sie die Applikationen damit ab. Nach dem Trocknen der Patina leimen Sie die Sperrholzteile und das Thermometer mit etwas Holzleim auf die Grundplatte.

Die Konturen von Augen, Nase und Mund des Schneemanns und den Schriftzug malen Sie mit einem wasserfesten Filzstift auf. Aus einem rechteckigen Stück Stoff formen Sie eine Mütze und kleben sie mit Heißkleber am Kopf fest. Ebenfalls aus Stoffresten schneiden Sie zwei etwa 6 cm lange, schmale Stoffstreifen, die als Schal am Hals des Schneemanns festgeklebt werden.

Drei Knöpfe kleben Sie dem Schneemann mit Heißkleber auf den Bauch. Aus dünnen Ästen schneiden Sie zwei 5 cm lange Stücke mit der Gartenschere ab und kleben sie als Arme an.

In die Mitte des großen Sterns bohren Sie mit einem 2,5-mm-Holzbohrer vier, in die Mitte des kleinen Sterns drei Löcher. Ein etwa 12 cm langes Stück Bindedraht ziehen Sie durch die Bohrungen, als wollten Sie einen Knopf annähen. Die losen Drahtenden biegen Sie auf der Rückseite zu einer Schlaufe und schneiden den Überstand mit einem Seitenschneider ab. Auf die gleiche Weise bringen Sie das Schriftband an.

Als Aufhängung tackern Sie ein ausreichend langes Stück Draht, den Sie doppelt nehmen sollten, auf der Rückseite fest.

Aststücke für Vogelfutter

MATERIAL

Aststücke, Ø bis 10 cm
Astscheiben, Ø 12 bis 14 cm
Holzschrauben
Schraubhaken
Holzleim
Körnermischung
Schmalz
Jutekordel

WERKZEUG

Kappsäge
große Bügelsäge
Holzbohrer, Ø 3 mm, und Zylinderbohrer, Ø 40 mm
Schraubzwingen
alter Kochtopf
Löffel

SO WIRD'S GEMACHT

Für diese Futterstation benötigen Sie gut durchgetrocknete, 8 bis 10 cm dicke Aststücke. Sägen Sie die Äste mit einer Kappsäge auf die gewünschte Länge zu. Für den oberen und unteren Abschluss sägen Sie mit einer großen Bügelsäge zwei jeweils 2 cm dicke Astscheiben.

Spannen Sie die Aststücke mit Schraubzwingen auf der Werkbank fest und fräsen Sie mit dem Zylinderbohrer mehrere Löcher aus mit einer Tiefe von 2 cm.

Legen Sie die Astscheiben mittig auf die Äste auf und schrauben Sie sie mit jeweils drei Holzschrauben fest. Bohren Sie die Bohrlöcher vor, damit das Holz nicht reißt.

Für die Füllung schmelzen Sie Schmalz in einem Kochtopf. Geben Sie die Körnermischung (z. B. Sonnenblumenkerne, Hirse und Erdnüsse) dazu und lassen Sie die Masse erkalten. Danach können Sie sie mit einem Löffel in die Vertiefungen streichen.

Drehen Sie einen Schraubhaken in die Mitte der oberen Astscheibe und hängen Sie die Futterstation mit einer Jutekordel auf.

Zitronella-Kerzen

MATERIAL

Cotto-Töpfe, geharzt
Blattmetall in Silber
Anlegemilch
Schutzlack
Klarlack
Wachspastillen
Wachsfärbestäbchen
getrocknete Orangenscheiben
Muscheln
Zitronella-Öl
Docht
Holzstäbchen

WERKZEUG

Wachsschmelzgerät
Pinsel
weiches Tuch

SO WIRD'S GEMACHT

Decken Sie Ihren Arbeitsplatz mit altem Zeitungspapier ab.

Versiegeln Sie die Cotto-Töpfe zunächst mit Klarlack. Auf den trockenen

Lack tragen Sie Anlegemilch mit einem Pinsel dünn und gleichmäßig auf. Nach 15 Minuten Trocknungszeit bringen Sie das Blattmetall mit einem feinen, trockenen Pinsel auf. Es wird mit einem weichen Pinsel aufgestrichen, die Überstände werden mit einem weichen Tuch abgewischt. Die Oberfläche versiegeln Sie zum Schluss mit einem Schutzlack.

Die Wachspastillen schmelzen Sie mit einem Wachsfärbestäbchen in einem Wachschmelzgerät oder einer Konservendose im Wasserbad bei etwa 65 Grad. Dem Wachs fügen Sie im flüssigen Zustand einige Tropfen Zitronella-Öl zu.

Wickeln Sie den Docht um die Mitte eines Holzstäbchens, das Sie auf den Rand der Form auflegen. Bestücken Sie die Cotto-Töpfe am Rand mit getrockneten Orangenscheiben oder Muscheln, dann füllen Sie den Topf langsam mit flüssigem Wachs.

Damit die Oberfläche nach dem Erkalten des Wachses nicht einfällt, sollten Sie das Wachs in mehreren Schichten in den Cotto-Topf eingießen. Lassen Sie jede Schicht einige Zeit abkühlen und ordnen Sie die Zutaten am Rand jeweils neu, bevor Sie eine weitere Schicht einfüllen.

Halter für den Gartenschlauch

Vorlage siehe Vorlagenbogen Seite B

MATERIAL

wasserfest verleimtes Sperrholz, 18 mm dick
Acrylfarbe
Zellstoffserviette mit Blütenmotiven
Transferlack
Klarlack
Schrankaufhänger, 35 mm lang
Holzschrauben
Holzleim

WERKZEUG

Stich- oder Dekupiersäge
Holzbohrer, Ø 6 und 8 mm
Schleifpapier
Schere
Zylinderbohrer, Ø 35 mm

SO WIRD'S GEMACHT

Übertragen Sie die Konturen der Gießkanne und der beiden Halterungen vom Vorlagenbogen auf das Sperrholz. Sägen Sie die Teile mit einer Stich- oder Dekupiersäge aus. Alle sägerauen Kanten mit Schleifpapier glätten. Mit einem 6-mm-Holzbohrer bohren Sie die Löcher für die Aufhängung.

Die Halterungen für den Gartenschlauch werden auf die Gießkanne geleimt und von hinten zusätzlich verschraubt.

Bemalen Sie die Gießkanne nach den Angaben des Fotos oder nach eigenem Geschmack. Sobald die Farbe getrocknet ist, malen Sie mit weißer Farbe im unteren Bereich einen etwa 4 cm breiten Streifen auf.

Aus der Serviette schneiden Sie die Blütenmotive mit einer Schere aus und entfernen die beiden unteren Zellstofflagen. An den Stellen, wo die Blüten aufgebracht werden sollen, tupfen Sie mit einem feinen Pinsel etwas Transferlack auf. Legen Sie das ausgeschnittene Motiv mit der bedruckten Seite nach oben auf den Transferlack und streichen Sie es mit einem trockenen Pinsel oder den Fingerspitzen glatt.

Lassen Sie den Transferlack antrocknen. Die Oberfläche wird nochmals mit Klarlack überstrichen.

Bohren Sie in die Rückseite (siehe Markierung in der Zeichnung) mit dem Zylinderbohrer zwei jeweils 10 mm tiefe Löcher. Drehen Sie die Schrankaufhänger in die Vertiefungen ein. Jetzt kann der Schlauchhalter an der Wand befestigt werden.

Gemüseschilder

Vorlage siehe Vorlagenbogen Seite B

MATERIAL

Dekozaun
Rechteckleiste, Querschnitt 15 x 6 mm
wasserfest verleimtes Sperrholz, 3 mm dick
Drahtstifte
Acrylfarben
Heißkleber
naturfarbener Bast
Schaschlikspieße aus Holz

WERKZEUG

Laub- oder Dekupiersäge
Feinsäge mit Gehrungslade
Schleifpapier
Holzbohrer, Ø 3 mm
Bastelmesser

SO WIRD'S GEMACHT

In Bastelgeschäften finden Sie unterschiedliche fertige Zaunelemente, mit denen Sie diese Wegweiser für Gemüse und Kräuter gestalten können.

In der Gehrungslade sägen Sie 6 cm lange Stücke von der Rechteckleiste ab. Glätten Sie die sägerauen Enden mit Schleifpapier.

Übertragen Sie die Vorlagen für die Gemüseformen auf das Sperrholz. Sägen Sie die Formen mit einer Laub- oder Dekupiersäge aus und schleifen Sie die Kanten. Bemalen Sie das Gemüse mit Acrylfarbe.

Mit einem 3-mm-Holzbohrer bohren Sie mittig in die Unterseite der Rechteckleiste ein 5 mm tiefes Loch, in das Sie einen Schaschlikspieß einleimen. Den Dekozaun kürzen Sie mit der Laubsäge auf die erforderliche Länge. Leimen Sie ihn auf die Rechteckleiste auf und fixieren Sie ihn mit einigen kleinen Drahtstiften.

Das Gemüse leimen Sie auf den Gartenzaun. Zum Schluss binden Sie aus naturfarbenem Bast eine Schleife unter der Rechteckleiste um den Holzspieß.

Futterstation Nikolaus

Vorlage siehe Vorlagenbogen Seite B

MATERIAL

wasserfest verleimtes Sperrholz, 18 mm dick
geglühter Bindedraht
Acrylfarben
Dekoschnee
Schaschlikspieß aus Metall
Ringschraube
Apfel
Jutekordel

WERKZEUG

Laub- oder Dekupiersäge
Schleifpapier
Holzbohrer, Ø 3 mm
wasserfester schwarzer Filzstift
Seitenschneider

SO WIRD'S GEMACHT

Übertragen Sie die Vorlagen vom Vorlagenbogen auf das Sperrholz. Sägen Sie alle Teile mit der Laub- oder Dekupiersäge aus. Alle sägerauen Kanten mit Schleifpapier glätten.

In die Stiefel und den Mantel bohren Sie an den Markierungen jeweils ein Loch, durch das später der Draht für die Verbindung von Mantel und Stiefel gezogen wird.

Die Führungen für den Schaschlikspieß bohren Sie laut Markierung in die Seiten des Nikolaus. Achten Sie darauf, dass die Bohrung waagerecht verläuft.

Bemalen Sie den Nikolaus laut Foto oder nach Ihren eigenen Vorstellungen. Auf den Kragen und den oberen Rand der Stiefel tupfen Sie nach dem Trocknen der Farbe mit einem dünnen Borstenpinsel reichlich weißen Dekoschnee auf. Die Farbe muss jetzt 24 Stunden trocknen.

Augen und Nase zeichnen Sie mit einem feinen wasserfesten Filzstift auf. Mit einem Seitenschneider schneiden Sie zwei etwa 6 cm lange Drahtstücke ab und verbinden Mantel und Stiefel miteinander. Verdrehen Sie die Drahtenden und schneiden Sie den Überstand ab.

In die Mütze drehen Sie eine Ringschraube ein. Damit das Holz nicht splittert, bohren Sie das Loch für die Schraube vor.

Schieben Sie den Schaschlikspieß durch die Bohrlöcher, wobei Sie einen Apfel mit aufspießen. Hängen Sie den Nikolaus an einer Jutekordel auf.

Bibliografische Information:
Die Deutsche Bibliothek
Die Deutsche Bibliothek verzeichnet diese Publikation in der Deutschen Nationalbibliografie; detaillierte bibliografische Daten sind im Internet über http://dnb.ddb.de abrufbar.

Fotografie: Markus Hertrich, Hamburg
Lektorat: Günter Wiegand, Wiesbaden
Umschlagkonzeption: Zero Werbeagentur, München
Umschlaglayout: Elke Martin
Layout: Anton Walter, Gundelfingen
Herstellung: Elke Martin

Satz: DTP-Design Walter, Gundelfingen
Reproduktion: PreMedia A-4600 Wels
Druck und Bindung: Appl, Wemding

Gedruckt auf 115 g umweltfreundlich chlorfrei gebleichtem Papier.

ISBN 3-426-66835-1
Printed in Germany

Bitte besuchen Sie uns im Internet:
www.droemer-knaur.de
Weitere Titel aus dem Bereich Kreativ finden Sie im Internet unter:
www.knaur-kreativ.de